CATÉCHISME RÉPUBLICAIN.

CATÉCHISME RÉPUBLICAIN,

OU

Droits, Devoirs et Intérêts

DU CITOYEN FRANÇAIS,

Avec les instructions nécessaires pour voter et délibérer dans les Assemblées de la Patrie, et pour l'élection des Représentants du Peuple. — Augmenté de plusieurs explications sur les moyens à prendre pour que les Députés de la Nation remplissent exactement et fidèlement le mandat qu'ils auront accepté.

PAR VICTOR DOUBLET,

Professeur de Belles-Lettres, d'Economie politique; Auteur de beaucoup d'Ouvrages d'histoire, de morale, de littérature et d'éducation.

Virtutum omnium Respublica est principium et fons. CICÉRON.

La République est le principe et la source de toute vertu.

Prix : 1 franc.

PARIS,

CHEZ TOUS LES LIBRAIRES—COMMISSIONNAIRES.

—

1848

RHEIMS, IMP. DE MARÉCHAL-GRUAT.

CATÉCHISME RÉPUBLICAIN.

Droits, Devoirs et Intérêts du Citoyen.

DROITS DU CITOYEN.

Les maîtres de la terre ont un juge qui ne meurt point; c'est le public choisi des nations éclairées : il a les mêmes idées sur des objets très-différents, et c'est son jugement d'abord tacite, puis bientôt solennel, qui cite les rois au tribunal où il n'y a plus d'appel.

Ce tribunal, ministre des volontés divines, dispense à son gré les couronnes, élève et abaisse les empires, brise les sceptres, renverse les trônes et se déclare souverain arbitre pour juger la cause des rois et des peuples.

Puisse la majesté des peuples de l'Europe dont les idées se correspondent secouer enfin le joug, et réunir tous ses efforts pour augmenter le bien-être de tous par les progrès de la culture, des arts et du commerce !

Puisse cette même majesté souveraine, devant laquelle toute autre doit s'abaisser, se faire aimer au point de rendre vils et odieux tous les usurpateurs, les conquérants iniques, les perturbateurs de leurs Etats et des Etats voisins !

D. Qu'est-ce qu'une République?

R. C'est un Etat dans lequel tous les citoyens sont égaux

et travaillent tous d'un commun accord au bonheur et à la prospérité commune.

D. Les citoyens d'une république sont-ils soumis à quelque pouvoir ?

R. En leur qualité de peuple libre, ils sont tous souverains ; mais pour qu'il y ait harmonie, ils doivent se conformer aux lois, et tous doivent contribuer de tout leur pouvoir à les faire respecter.

D. De combien de sortes sont les lois?

R. Elles sont de deux sortes : la loi divine et la loi républicaine.

D. A quoi nous oblige la loi divine?

R. Elle nous oblige à aimer Dieu de tout notre cœur, et tous nos concitoyens comme nous-mêmes.

D. Qu'est-ce que Dieu?

R. C'est l'éternel géomètre de l'univers, l'être fort et puissant qui contient en lui-même l'espace et la durée; il est l'auteur des mondes, la source de perfectibilité, et nos âmes sont une émanation céleste de sa divinité.

D. Comment appelle-t-on celui qui ne croit pas en Dieu?

R. Celui qui méconnaît Dieu est un athée; son système est folie, il rétrograde vers le néant, il est mort aux douces larmes du sentiment; son cœur est incapable d'affection.

Le cœur qui n'aima point fut le premier athée.

D. L'idée de Dieu est-elle absolument nécessaire ?

R. Oui, elle est absolument nécessaire à tous les citoyens, et principalement à ceux qui sont appelés à tenir les rênes du gouvernement; car, dépositaires de la force publique, ils peuvent, par un faux calcul, par ambition ou par amour d'une gloire chimérique, égarer cette force sacrée protectrice des lois, la distraire de son véritable but et causer les plus grands maux à l'espèce humaine.

D. Qu'appelez-vous loi républicaine ?

R. On comprend sous ce titre général toutes celles que votent après mûre délibération les représentants de la nation. La République est un Etat gouverné par un pouvoir émané du peuple ; ce pouvoir est renouvelé périodiquement pour qu'il ne cherche point à se rendre indépendant et absolu par un trop long usage de l'autorité. La magistrature suprême est ordinairement partagée ; et, pour diminuer encore l'influence qu'elle pourrait exercer contre la liberté qui l'a créée, elle n'a que l'exécution des lois ; elle est contrôlée dans ses actes par des assemblées législatives que l'élection a nommées, et elle rencontre dans toutes les communes des fonctionnaires indépendants que le peuple a choisis.

C'est donc au peuple souverain à prendre garde que cette mobilité de pouvoir, cette action perpétuelle de l'élection n'excite l'intrigue et la corruption qui finissent tôt ou tard, après avoir agité long-temps la République, par l'énerver et la conduire à sa ruine.

CHOIX DES HOMMES.

D. Sur quelles bases reposent le salut et le bonheur des citoyens français ?

R. Sur le choix des hommes auxquels doit être confié le gouvernement de la République.

Explications : Ceux qui administrent les Etats sont gouvernés ensuite eux-mêmes par les *infiniment petits.* C'est à la suite d'une foule d'idées et d'observations jetées dans le public par des citoyens obscurs, que l'homme d'Etat compose son système : il ne peut l'appuyer que sur le choix des hommes, et c'est en cela que réside le grand art de gouverner. Un seul homme, quel que soit son génie, ne peut tout à la fois dessiner l'ensemble et suivre les détails, veiller à la gloire du dehors et assurer la félicité intérieure, concilier les grandes opérations et l'économie du trésor ; il faut qu'il aille chercher la vraie capacité et qu'il lui confie l'exécution de ses plans. Le choix des hommes doit donc être le grand art et occuper toute l'attention du peuple souverain.

D. Que faut-il faire pour rendre ce choix moins difficile ?

R. Il faut d'abord consulter attentivement la voix publique, car la voix du peuple est la voix de Dieu : *Vox populi, vox Dei.* C'est là peut-être le plus sacré et le plus vrai de tous les axiômes ; mais quand on ne veut choisir que parmi des subalternes qui vous assiégent pour vous ravir une portion d'autorité ; quand on ne veut pas reconnaître ni deviner l'homme qui dans tel emploi déploiera des talents, les hommes en place, faute de la connaissance des individus, finissent par croire que tous les hommes se ressemblent, et que le choix du hasard équivaut au choix de réflexion, faute énorme en politique. Ainsi les Etats expirent.

D. Quelles qualités sont requises pour faire un homme d'Etat ?

R. On aime à reconnaître dans un homme d'Etat une tempérance mâle et sévère ; on aime à distinguer sa vie exemplaire, à le voir se montrer bon pour les faibles, fort contre l'injustice. A-t-il besoin d'un extérieur fastueux ? Sa puissance est dans sa place. Son extérieur simple tournera même à son avantage ; on le jugera incorruptible avant de lui parler, et on n'osera pas même lui offrir ces promesses fastueuses que le vice en crédit fait à la vertu pour la tromper, et rire ensuite de sa crédulité.

Hommes d'Etat, faites ligue avec la probité et les lumières, vous en serez plus forts et plus respectés ; vous avez assez d'ennemis du bien public à combattre : faites-vous de nobles appuis de ces hommes qui font penser leurs concitoyens.

Un ancien disait : *Les plus petites choses croissent par la concorde, les plus grandes se détruisent par la discorde.* Cette maxime, bien imprimée dans l'âme des hommes en place, les rendrait plus puissants pour le bien qu'ils voudraient opérer ; et comme le bien éprouve les plus grandes difficultés, c'est alors qu'ils auraient besoin de ce pouvoir immortel qui commande aux esprits.

Qu'elle commence donc, cette alliance généreuse et si long-temps attendue ! Que la partie qui gouverne emploie son autorité à animer les sciences, à récompenser les arts et l'industrie, à secourir tous les hommes, à vouloir sérieusement leur bien-être ; sans doute en ce cas, que dans un peu de temps on ne connaîtra plus dans le monde que les maux physiquement nécessaires, et que la société perfectionnée offrira un tableau tout opposé à celui qu'elle présente depuis longues années.

Quel beau moment dans l'histoire de nos jours, si tout-à-coup la ligue des hommes puissants et éclairés devenait utile au monde ! Si l'on voyait tomber les barrières qui arrêtent et repoussent la communication immédiate des idées ! si libre elle pouvait s'élever et dominer l'Europe, lier les nations en les embrassant, les couvrir de lumières, les unir par leurs rapports mutuels, et montrer enfin au ciel le spectacle auguste de la fraternité des peuples ! Ils y gagneraient tous !

D. Que faut-il faire pour arriver à ce but si désirable ?

R. Il faut que ceux qui sont appelés à gouverner se montrent aussi sages qu'ils sont élevés.

D. Quelle était leur attitude sous le gouvernement des rois ?

R. Presque tous ils se sont toujours montrés craintifs pour leur petite grandeur ; les vastes opérations du génie alarmaient leur méfiance naturelle, et la chose la plus rare était de voir un homme bienfaisant à proportion de sa puissance.

D. Jusqu'à quel excès se portaient leur sens déraisonnable et leur extravagance ?

R. Ils avaient conçu le projet absurde de faire penser les hommes d'une manière uniforme ; ils semblaient méconnaître le principe des lois qui doivent avoir égard à la prodigieuse diversité des caractères, et qui doivent en tout temps respecter la liberté humaine si elles veulent être obéies.

D. Quel a été le principe vrai de la chute de tous les gouvernements monarchiques ?

R. Leur entêtement vicieux, leur obstination à persister dans leur résolution, lors même que des gens habiles et amis du peuple leur donnaient de meilleurs avis, et leur faiblesse.

D. Le gouvernement de la République n'est-il pas exposé à de semblables conséquences ?

R. Non, parce que chaque citoyen a le droit d'émettre son avis sur la chose publique, et cette loi est très-sage ; car pourquoi un autre homme prétendrait-il être plus éclairé que moi, tandis que j'ai le même intérêt que lui ?

DE LA LIBERTÉ.

D. Quel est le plus grand bien que le citoyen français ait reconquis dans les journées de février 1848 ?

R. L'indépendance ou la liberté.

D. Cette indépendance est-elle absolue?

R. Non, car l'indépendance absolue de tous les citoyens et de chacun d'eux en particulier ne serait pas possible; une telle indépendance serait la ruine totale de la société.

D. Comment cela?

R. Nous sommes forcés de regarder comme une chimère l'indépendance absolue; car l'homme, en général, est un être faible qui dépend de tout ce qui l'environne; il n'est fort que lorsqu'il est réuni en société : mais alors il est soumis à ses semblables qui aussi lui sont soumis à lui; il faut qu'il achète par le sacrifice d'une portion de sa liberté, les nouvelles forces qui lui sont acquises, la plus grande sûreté dont il jouit. Ses besoins seront plus tôt satisfaits. Son existence sera plus assurée; son esprit se développera, il étendra la sphère de ses connaissances; mais il faut qu'il paie un tribut au pouvoir : c'est de la dépendance réciproque des citoyens que naît le véritable esprit de liberté.

D. Pourquoi cette vérité ne paraît-elle pas suffisamment prouvée à bon nombre de citoyens?

R. C'est que généralement chacun se croit sacrifié à l'intérêt des autres; et que personne ne réfléchit aux avantages qu'il retire pour la somme de liberté qu'il a sacrifiée.

DE L'ÉGALITÉ.

D. Qu'est-ce que l'égalité?

R. C'est la prérogative et le droit qu'ont tous les citoyens de la République, d'être appelés à remplir tous les emplois et toutes les charges et à jouir de tous les honneurs, sans distinction de fortune ni de condition, pourvu qu'ils s'en montrent dignes soit par leur mérite, soit par leurs vertus.

D. L'égalité parfaite comprend-t-elle aussi dans ses faveurs l'égalité des conditions?

R. L'égalité consiste dans ce cas, à rendre également honorables toutes les professions quelque humbles qu'elles puissent paraître; car en effet ce n'est pas l'état qui honore l'homme, mais au contraire l'homme qui honore son état; et de même qu'on a vu souvent des hommes iniques avilir les charges qu'un gouvernement leur avait confiées, on voit tous les jours de simples, de modestes artisans faire entourer d'honneur et de respect l'art qu'ils professent.

D. Mais pourquoi chez un peuple libre et qu'une généreuse et noble révolution vient de doter des faveurs de l'égalité et de la fraternité, ne s'appliquerait-on pas à faire disparaître l'inégalité des conditions?

R. Cette inégalité est une des conséquences absolues du système social; les arts et l'industrie nécessitent les travaux et le concours des autres classes; et ce qui paraît ici inégalité, n'est que le souffle vivifiant de la grande famille dont nous sommes tous membres et au bonheur de laquelle nous devons sacrifier tous nos efforts; ce souffle bienfaisant réveille les esprits, encourage les talents, remue tous les bras, fait éclore les commodités et les richesses.

La République n'est autre chose qu'un grand corps composé d'une foule de membres; et de même que dans un corps tous les membres, toutes les parties ont leurs fonctions bien distinctes et agissent toutes d'un commun accord pour le bien-être du corps; de même aussi, que si une de ces parties éprouve quelque douleur, tout le corps est douloureusement affecté, et que la douce sensation du plaisir communique une impression suave et délicieuse à toutes les parties même les plus petites et les plus extrêmes, le corps entier de la République souffre des douleurs de chacun de ses membres et se trouve délicieusement affecté de leurs moindres jouissances.

D. Mais si tous les citoyens étaient riches, n'en deviendraient-ils pas meilleurs? Par exemple, on ne verrait personne porter envie à son voisin; chacun se contentant de sa fortune, pourrait vivre en paix à l'abri du besoin et des dures nécessités de la vie; la misère ne forcerait pas l'indigent à se plaindre, ne lui inspirerait pas des pensées coupables dont les funestes effets réagissent sur son existence et perdent son avenir en le rendant l'objet de la sévérité des lois?

R. Quand l'homme est riche, je ne dis pas opulent, il est souvent meilleur, il est vrai; mais si tous les membres de la société étaient également riches, le fatal égoïsme enfanté par l'orgueil, funeste passion qui domine depuis plusieurs années les classes aisées, nuirait à l'harmonie du système sociétaire; le corps social serait bientôt dissous; nul ne voudrait, pour un prix quelconque, se plier aux désirs de son voisin et se prêter à satisfaire ses volontés, à l'aider dans ses besoins; de là plus d'industrie, plus d'émulation, plus de travaux pénibles, plus de veilles, plus de recherches et d'expériences scientifiques, parce qu'il n'y aurait plus de besoins apparents, tandis que les citoyens n'étant point aidés les uns par les autres, ressentiraient à la fois tous les besoins même les plus urgents. D'ailleurs, vous savez tous que :

« *La nécessité est la mère de l'industrie.* »

Que deviendraient donc alors les lumières si vives qui sans cesse jaillissent du cerveau fécond en sublimes découvertes de nos compatriotes, parmi lesquels nous aimons à citer Papin de Blois, Jacquard de Lyon, les frères Chaptal, Montgolfier, etc. ?

D. Cependant n'entendons-nous pas chaque jour les moralistes et les philosophes nous déclamer que la propriété devrait être également partagée, que nul homme n'est fait pour servir son semblable, puisque Dieu a créé tous les hommes égaux ?

R. Les déclamations des moralistes, les raisonnements des philosophes ne constituent pas le génie d'une nation ; il faut la prendre au point où elle est ; l'assurance des propriétés actuelles, voilà la base fondamentale, sans quoi tout est chancelant. Qu'on remédie ensuite à cette inégalité, qu'on augmente le mouvement de circulation, qu'on laisse au commerce le soin de ramener l'ordre le plus naturel ; il le fera.

D. Et quels moyens emploiera-t-il pour y parvenir ?

R. Son intelligence mettant à profit le bienfait de la liberté, son activité débarrassée de toute contrainte, tiendra lieu d'une foule de règlements abusifs ; chacun ayant son industrie en toute propriété, se dégagera bientôt du poids trop lourd des classes supérieures ; il obtiendra les jouissances que comporte son rang ; il sera libre parmi l'inégalité des conditions ; il n'aura rien à envier aux autres.

D. D'où vient donc ordinairement la cause du découragement général ?

R. C'est lorsqu'un gouvernement, aveugle sur ses propres intérêts, se regarde pour ainsi dire comme maître absolu des biens et des talents des citoyens, en les chargeant à son gré d'impôts onéreux ; dans ce cas, il occasionne un découragement général ; il fait apercevoir l'inégalité des fortunes ; il rend cette inégalité odieuse et insupportable, surtout lorsqu'il accorde des priviléges plus grands à proportion de la fortune, et qu'un citoyen semble être d'autant plus élevé au-dessus de ses semblables, qu'il a une plus grande quantité d'écus. Dans ce cas, le gouvernement se rend odieux lui-même, parce qu'il sépare toutes les classes de l'Etat, qui doivent oublier leurs situations respectives, en envisageant sans cesse une nouvelle reproduction de richesses et de jouissances dans leurs facultés intellectuelles.

D. Mais cette reproduction de richesses ne nous semble pas nécessaire aux riches qui possèdent de quoi satisfaire tous leurs désirs?

R. Le plus riche a encore à désirer, comme le plus pauvre, et c'est de ce désir fécond que naissent les travaux qui répandent partout les productions de la nature et des arts.

D. Puisque l'inégalité des conditions subsistera toujours, quels fruits, quelles améliorations aurons-nous donc à retirer de notre nouvelle révolution?

R. Les fruits que nous en devons retirer sont immenses, puisque l'avarice fiscale disparaissant avec ses onéreux caprices, les gênes, les exclusions, les prohibitions de toute espèce disparaîtront aussi, et bientôt ce que l'inégalité des fortunes a d'attristant ne se fera plus sentir : chaque arpent de terre recevra la valeur dont il est susceptible ; chaque tête déploiera son génie; chaque bras frappera un coup juste, et tout le monde sera content dans sa sphère, quoique les rangs soient encore inégaux.

D. Croyez-vous cependant que sous un système d'égalité, le pauvre ne voie pas d'un œil d'envie la propriété de son voisin?

R. Ce n'est jamais la grande propriété qui fatigue l'œil du pauvre, c'est l'impuissance où il se trouve, par des lois erronées, d'avoir aussi une propriété ; mais ces lois vicieuses étant abolies, il reprendra courage, et concevra aussi, lui,

l'espoir d'acquérir comme tous les citoyens, une douce aisance fruit de ses laborieux efforts.

D. Mais pour arriver à ce but si désirable, il faudrait supposer chez tous les citoyens une grande sagesse, ce qui nous
paraît impossible?

R. Il n'est pas impossible de voir arriver les citoyens à
cet amour de la sagesse; la plupart des philosophes, il est
vrai, ont surchargé la sagesse d'une morale trop rigoureuse,
et celle-ci a fait naître des questions subtiles et contentieuses.
Les plus beaux raisonnements portent à faux quand ils nous
élèvent trop au-dessus ou nous abaissent au-dessous de notre
sphère : peut-on être sage sans cesser d'être homme?

Nous voulons être heureux : peut-on l'être dans un com-
bat perpétuel de nous-mêmes contre nous-mêmes? c'est-à-
dire quand il n'y a pas d'ensemble et que tous n'adoptent pas
les mêmes principes qui sauvegardent les intérêts communs?

D. Mais qu'est-ce que la véritable sagesse?

R. La véritable sagesse est une effusion de l'âme dans sa
pureté; elle rassemble les qualités du cœur et de l'esprit,
comme un miroir concave réunit les rayons du soleil. C'est
sur cette sublime vertu que sont posées les bases réelles de la
fraternité.

D. Mais la grande révolution de 89 n'avait donc ni le même
but ni les mêmes intérêts que celle de 1848, puisqu'elle s'est
montrée si peu sage?

R. Alors, il n'y avait pas d'unité dans la nation ; c'était un
état de désordre et d'anarchie; les esprits étaient délirants,
ils voulaient briser le despotisme des rois, le prétendu fanatisme des prêtres, fonder la souveraineté du peuple sur les dé-
bris du trône; le déisme, sur les ruines des autels. C'était un
délire affreux, l'absence complète de tous principes de reli-

gion et de morale, le bouleversement universel de l'ordre social, les tristes effets d'une fausse et dangereuse philosophie.

D. Pourtant cette grande révolution ne laissa pas que de
produire de grands biens?

R. Il est vrai qu'à part les désastres qui la suivîrent, elle
ne fut pas sans fruits pour la société. L'égalité devant la loi,
l'abolition des priviléges et des droits seigneuriaux, restes im-
purs de la féodalité, une égale répartition des impôts, l'insti-
tution du jury, un code de lois, la division de la France en
départements, sont des services sans doute incontestables,
auxquels il faut encore ajouter les immenses avantages qu'en
retirèrent le commerce et l'industrie.

D. Quels sont ces avantages?

R. L'industrie, long-temps soumise à un régime de fisca-
lité, liée par une foule de règlements de tous genres qui pa-
ralysaient son action, entravaient la marche de ses dévelop-
pements, s'est vue tout-à-coup, par un nouvel ordre de choses, un système mieux approprié à ses besoins; dégagée des
chaînes qui la retenaient captive dans un cercle étroit, elle
s'est lancée dans les vastes entreprises.

D. Mais la force de cet élan lui a fait dépasser les limites,
et l'a fait retomber dans une situation tout opposée qui a
produit des effets tout-à-fait contraires?

R. Il est vrai que la multiplicité des produits de toute espèce, de toute nature, que l'on doit à l'introduction du système des machines, a pu faire craindre un instant de voir
provoquer cet état de plénitude qui souvent cause le malaise,
la gêne et l'embarras dans toutes les parties du corps com-
mercial; mais la diminution des prix de tous les objets fabri-
qués à l'aide des machines rendit la consommation plus

grande, et il s'ensuivit une amélioration générale dans tout le corps social.

D. Mais pour arriver à ces résultats, était-il nécessaire d'ensanglanter la France ?

R. Non ; la force des choses devait elle seule y conduire infailliblement. Le développement des lumières y aurait conduit graduellement, sans secousse et sans tache.

D. Les peuples qui font les révolutions en sont-ils plus heureux ? Les besoins de la société, au milieu de ce changement continuel de choses et de personnes, de déplacement de fortunes et de propriétés, ne sont-ils pas toujours les mêmes ? Ainsi, qu'aurons-nous donc gagné à notre révolution, quels sont donc ces grands bienfaits que nous promet le gouvernement de la République ?

R. La liberté et l'égalité.

D. Mais l'égalité se trouve-t-elle sur la terre ? tous les hommes ne diffèrent-ils pas entre eux, ou par leur organisation, leur caractère, leur intelligence, ou par leur position sociale ?

R. Nous parlons ici de l'égalité devant la loi ; c'est-à-dire que la fortune ne mettra plus de distinction entre les hommes ; que la possession de quelques écus ne mettra plus une barrière insurmontable entre les citoyens d'une même nation ; que tous, ils seront appelés indistinctement à faire valoir leurs droits et leurs opinions dans les grandes assemblées de la patrie, comme ils sont chargés de les défendre par les armes contre tous les ennemis de leurs libertés.

D. La liberté n'est-elle pas une chimère dont on aime à se bercer, un mot vide de sens, qui plaît et séduit, et qui en résumé, n'est autre chose que la dépendance ? car du premier jusqu'au dernier chaînon de la chaîne sociale, du plus petit jusqu'au plus grand, tous sont dépendants les uns des autres; tous se lient, se suivent et s'entr'aident, aucun ne peut se détacher pour agir sans le concours des autres; l'homme libre, c'est l'homme isolé, l'homme des bois; encore sa liberté est-elle soumise à ses besoins, aux changements, à l'intempérie des saisons. Il n'est donc de liberté que le *mot*; de libre, que l'être livré à lui-même; dès qu'il est en présence d'un autre, il cesse d'être libre pour rentrer dans la loi commune. Qu'est-ce donc d'après cela que la liberté? un roi n'est-il pas le premier esclave de son royaume? et ses chaînes pour être dorées, en sont-elles moins pesantes?

R. L'homme, dès qu'il entre dans la société, lui doit son tribut, il devient dépendant; il n'est pas de liberté sans dépendance, ni de dépendance sans liberté; dans l'état social, nous sommes soumis aux devoirs de la société, assujettis à ses règles; mais autre chose est de dépendre les uns des autres pour conserver l'harmonie du corps social, et autre chose de dépendre d'un principe souverain souvent aveugle, injuste et tyrannique, qui imprime sa volonté de fer à tout un peuple, et qui fait peser sur lui toutes ses exigences. Comprenons bien que la liberté n'est pas la licence. La licence ne connaît point de règles; or, toute société qui n'est pas unie par des règles sages, tend à se dissoudre, puisque les règles sont les nerfs qui lient entre eux les divers membres du corps social. La liberté, au contraire, appuyée sur de sages lois, garantit à tous les citoyens, du plus bas échelon jusqu'au plus élevé, une existence affranchie de toutes les scandaleuses et criantes injustices qui pesaient auparavant sur eux.

Sous le régime de la liberté, on ne verra plus ces inutiles grandeurs, orgueilleuses et superbes, saturées de priviléges, pliant sous le poids doré des produits de leurs sinécures, insultant par leur faste à la misère publique, qui se venge du mépris dont elle est l'objet en couvrant de boue le carrosse armorié des fils dégénérés de nos preux chevaliers.

Sous le régime de la liberté, on ne verra plus, comme il arrivait quelquefois, un haut manufacturier, Crésus avide, impitoyable, disputant quelques misérables sous au salaire journalier des instruments humains de ses richesses, et qu'il considérait seulement comme autant de malheureux serfs attachés aux machines homicides, comme le paysan du moyen-âge était attaché à la glèbe.

La liberté fera disparaître aussi les travaux abrutissants, la pauvreté, les dures privations; on ne verra plus une multitude affamée, hurlant l'abolition des impôts sur les denrées nécessaires à son existence.

D. Pourquoi donc alors tant de gens paraissaient-ils s'effrayer en voyant renaître le régime de la liberté?

R. C'est que déjà une révolution avait offert le triste spectacle d'affreux désastres que notre nouvelle révolution a surtout en horreur parce qu'aujourd'hui le peuple, plus éclairé qu'il ne l'était autrefois, comprend mieux sa grandeur, ses devoirs et ses véritables intérêts; il sait que la liberté civile consiste à faire tout ce que permet la loi, c'est-à-dire tout ce qu'elle ne défend pas. Il sait encore qu'il est des choses que la loi ne défend pas parce qu'elle ne peut pas tout prévoir, tout embrasser, et que néanmoins il n'est pas permis de faire; mais ce qui échappe à la loi n'échappe pas à son discernement, à la morale, à la religion, qui sont là pour suppléer au silence de la loi, pour nous guider, nous retenir dans le sentier de nos devoirs sociaux, moraux et religieux. Il comprend que la loi, c'est là la pierre fondamentale sur laquelle repose tout l'édifice social; que c'est l'organe de la volonté de tous, la protectrice du faible contre la puissance du fort, la garantie de tous nos droits civi's et politiques, le maintien de l'ordre public : car la loi commande en souveraine, puisqu'elle est l'expression de la volonté du peuple souverain, qui est assuré qu'il ne trouvera un bonheur infaillible et durable qu'en suivant la noble règle de conduite qu'il s'est tracée dans ces deux mots sublimes et sacrés, source de tout bien : *Respect et obéissance à la loi !*

D. Le citoyen n'a-t-il que ces seuls devoirs à remplir pour être heureux ?

R. Il doit encore savoir qu'à côté de la loi, et pour consolider la base de l'édifice, vient se placer la religion, qui, avec la loi, sont les deux plus solides soutiens de la République. Dès qu'une main sacrilége vient porter atteinte à l'une de ces deux saintes institutions, l'édifice est ébranlé, tôt ou tard il s'écroule, et sous ses décombres s'ensevelissent souvent avec lui ceux qui ont causé sa ruine. C'est ce qui est arrivé déjà, c'est ce qui arrivera toujours, toutes les fois que l'on s'écartera du principe qui veut que dans les sociétés politiques comme dans les familles, il y ait une autorité, une règle commune qui est la loi, un frein qui est la religion : bases sur lesquelles doivent reposer toutes les sociétés, et sans lesquelles il n'en est pas de possible ni de durable. Ainsi, pour jouir pleinement des fruits que doit produire notre heureuse révolution, tout citoyen doit savoir concilier la liberté avec l'obéissance aux lois, être soumis sans esclavage, libre sans licence ; c'est de cette manière qu'on doit entendre la liberté.

D. Expliquez-nous clairement à quels maux s'exposerait le peuple souverain, s'il venait à s'égarer et à manquer à sa noble devise : *Respect et obéissance à la loi ?*

R. Il s'ensuivrait un bouleversement général, épouvantable chaos où tout se confondrait et se heurterait. La société, plongée dans la stupeur et le désespoir, serait anéantie, terrorifiée. La fortune et la propriété seraient menacées, proscrites ; la vertu persécutée ne trouverait de salut que dans la fuite , l'ordre serait perverti, le moral abattu , la religion ridiculisée foulée aux pieds, les lois et l'autel renversés ; des échafauds dressés, partout d'affreux massacres, la proscription, l'émigration, les confiscations, des bourreaux, des victimes ! On verrait encore un ramas d'hommes de toute espèce, fort mauvais citoyens, peut-être marqués déjà du sceau de l'infamie, sortir de la fange et de la misère, et, nouveaux Crésus, insulter par le ridicule de leur luxe, à la misère, au malheur des autres.

Dans ce débordement des passions terrestres, dans cet état de dissolution de mœurs et de tous liens sociaux, la licence et l'impiété, le vice et le crime seraient à l'ordre du jour ; ils prendraient la place de la vertu ; l'athéisme prendrait celle de la religion ; la perfidie, la délation, celle du sentiment ; le divorce romprait les nœuds du mariage, base fondamentale des sociétés ; l'administration serait désorganisée, les finances dilapidées. L'Europe entière, scandalisée et effrayée à l'aspect de tous ces désordres, se coaliserait de nouveau, et bientôt l'incendie de la guerre, après un long repos, se rallumerait avec plus de fureur que jamais.

Pour obvier à tant de malheurs, que tous les citoyens de la république française se montrent zélés pour la paix, l'union et la concorde ; qu'ils remplissent avec une sainte ardeur tous leurs devoirs envers la patrie et la société ; qu'ils contribuent de tout leur concours à affermir les nouvelles institutions qui doivent réaliser les vœux les plus chers du peuple souverain. Que tous se rangent avec une louable harmonie sous la glorieuse bannière de la République ; qu'il n'y ait plus désormais qu'un seul parti en France, celui des amis de l'ordre et de la liberté, et l'on ne verra pas se renouveler de nos jours les fautes énormes, cause de tous les malheurs de l'ancienne révolution. Que tous les citoyens soient animés d'un ardent amour pour le salut de la patrie et pour la liberté, afin qu'en usant de tous les justes droits que leur confère la république, ils profitent de toutes les avantageuses institutions que nos premières révolutions ont consacrées et que la nouvelle veut élargir encore.

Et nous ne devons pas passer sous silence une des plus grandes faveurs que nous prépare la nouvelle révolution.

D. Quelle est cette faveur ?

R. Un système d'éducation plus vaste et mieux approprié aux besoins du commerce ; car jusqu'à présent, on n'a pas compris suffisamment, il faut l'avouer, combien il est utile d'appliquer de bonne heure la jeunesse française à la science du commerce.

La science commerciale elle seule embrasse de grandes connaissances, des connaissances très-étendues, et se résume cependant en quelques mots : bien *créer*, bien *acheter,* bien *vendre;* car dans le commerce tout se crée, tout s'achète, tout se vend. Le cultivateur vend les récoltes que le ciel lui envoie ; le fabricant vend les produits qu'il a créés ou perfectionnés ; le marchand vend la marchandise qu'il a achetée ; le banquier vend son argent, son papier ; l'artisan, l'ouvrier vend son temps, son travail. On vend toujours bien quand on a bien acheté. Or, pour bien créer et bien acheter, il faut connaître d'abord les crûs et les productions des différents lieux et des différents pays d'importation et d'exportation, d'achats et de ventes ; les prix des différents marchés ; les qualités des diverses denrées ou marchandises, leurs rapports entre elles, leurs différences, leur rapprochement ; les rapports d'un lieu ou d'un pays avec un autre ; les lois, les usages, les coutumes, les tarifs de chaque pays ; les moyens de transport ; ce sont là les connaissances qui constituent le bon négociant. Il surgira donc dans chaque ville des écoles de commerce dans lesquelles on enseignera toutes ces connaissances si importantes pour les jeunes gens qui se destinent à la carrière du commerce.

Les éléments qu'on leur a enseignés jusqu'à présent, se sont bornés à la tenue des livres, aux changes, et à quelques notions de géographie et d'histoire. Ces premières connaissances sont indispensables ; mais elles ne sont pas suffisantes ; la science du commerce exige d'autres études.

L'étude des langues, par exemple, est une des plus utiles au commerce, et c'est celle que l'on néglige le plus en France, tandis que c'est celle que l'on recherche le plus chez les nations commerçantes du Nord, où le commerce a pris une si grande extension.

A Bâle, à Francfort, à Amsterdam, à Hambourg, à Londres, où se trouvent généralement les meilleurs négociants, il n'est pas rare d'entendre les jeunes gens parler cinq ou six langues différentes ; c'est d'ailleurs une partie de leur éducation. En un mot, le jeune citoyen qui veut entrer dans la pratique du commerce, doit auparavant en avoir étudié la théorie, de même que celui qui veut apprendre une langue, doit d'abord commencer par la grammaire.

La théorie du commerce comprend cinq principaux chefs généraux :

1° Ses sources, qui sont l'agriculture, les sciences, les arts, les lettres, etc. ;

2° Ses matières, qui sont les produits de ces mêmes sources ;

3° Sa jurisprudence, ses lois, sa police, ses règlements ;

4° Les moyens de commerce, le roulage, la navigation intérieure et extérieure, les changes, les monnaies, leurs rapports entre elles, les poids, les mesures, etc. ;

5° Les résultats, les bénéfices ou pertes, la balance commerciale.

Tels sont les éléments qui composent la science du commerce, et qui doivent préalablement faire l'objet des études de ceux qui s'y destinent.

Nous appelons de tous nos vœux l'attention du gouvernement sur cette partie si essentielle de l'éducation et si longtemps négligée. Ce sera là encore un nouveau bienfait dont nous serons redevables à la République.

DES IMPOTS ET DE LA PATRIE.

D. Sous le régime de la liberté, les impôts sont-ils nécessaires ?

R. L'homme ne peut se suffire à lui-même ; pour la vie matérielle comme pour le développement de ses facultés, la société de ses semblables lui est tout-à-fait indispensable. Pour qu'il puisse sous tous les rapports profiter convenablement du commerce de ceux-ci, il faut d'abord que ses besoins physiques soient satisfaits. Voilà principalement ce qui occupe sans cesse la multitude, et ce sont les intérêts de ces besoins que l'organisation sociale doit protéger avant tout. Or, point d'organisation sans une autorité respectée et obéie ; mais cette obéissance et ce respect dépendent de la force et de la justice de l'autorité. Celle-ci, pour être forte, puisera dans les masses ses moyens de puissance et d'action ; elle s'entourera donc d'agents pourvus de fonctions diverses pour veiller aux intérêts de tous, les garantir au dedans et les défendre au dehors ; il faudra donc que chaque membre de la société contribue, selon ses ressources, aux frais de toute cette administration. Et c'est cette contribution que l'on nomme aussi impôt, qui produit la force et la richesse d'une République.

Les impôts doivent toujours être en rapport avec le but de leur prélèvement, car ce sont des sacrifices faits par la société, pour assurer à chacun la libre jouissance de ses droits ; ainsi, toute superfluité dans les impôts sera injuste, toute exagération sera odieuse. La loi devra toujours servir de règle, soit dans la distribution de la justice, soit dans l'établissement des charges qui pèsent sur la nation, afin que la volonté humaine si facilement entraînée par les passions, surtout quand elle ne rencontre point de barrières, n'use point d'un arbitrage dangereux dans l'exercice de l'autorité.

D. Que faut-il faire pour obvier à ces graves inconvénients?

R. Il faut que le pouvoir prenne l'initiative pour établir les lois en consultant des conseillers choisis par lui-même, ou qu'il se concerte avec des délégués de la société ; il faut toujours que ces lois n'aient en vue que le bien général, et que l'autorité s'y soumette avec le même respect que les citoyens.

Car si le pouvoir a pour mission spéciale la protection et la défense des intérêts de tous, il semble qu'il ne puisse avoir de droits qu'autant qu'il sera l'expression de la volonté générale. En effet, une nation nombreuse, frappée tout-à-coup d'un même trait de lumière, ne se lèverait-elle pas comme un seul homme, d'un mouvement libre et spontané, pour jeter en moule un nouveau gouvernement?

D. Nous devons avouer qu'en théorie, tout cela est magnifique, et que, pour y parvenir, il faudrait supposer chez tous les citoyens un grand amour pour la patrie?

R. Au nom de patrie se réveillent dans l'âme des sentiments pleins de charmes, de noblesse ou de force. Ce nom nous rappelle un souvenir touchant du lieu qui nous a vus naître et de nos premiers pas dans le chemin de la vie; il donne plus de vivacité à nos amitiés et à nos affections de famille; il nous fait embrasser dans notre amour le pays tout entier, dont la prospérité ou les malheurs nous touchent de si près, tout un peuple dont nous parlons la même langue, auquel nous sommes liés intimement par les habitudes, par les mœurs, la défense commune des mêmes intérêts concernant la vie, la propriété, l'honneur et la gloire. Ces pensées généreuses enflamment le courage des armées pour combattre les ennemis du dehors; elles disposent les bons citoyens à tous les sacrifices, pour que l'indépendance du territoire soit maintenue et que le calme règne au dedans : ainsi, sous leur influence, une nation se fait respecter par sa puissance et sa dignité, et elle est florissante par les efforts de tous pour le bien commun.

D. L'amour de la patrie n'a-t-il pas aussi ses écarts?

R. L'amour de la patrie a des écarts que la raison doit signaler. Que l'on préfère son pays aux autres; qu'une nation cherche à surpasser ses rivales par son industrie, son commerce, par la culture des sciences et des arts, par son goût et la politesse de ses manières, par sa droiture dans les relations et sa générosité dans la victoire, rien dans tout cela n'est contraire à l'équité et ne mérite que des éloges. Mais que l'on supporte impatiemment l'éloge des autres peuples, qu'on les couvre de ridicule, alors on montre un orgueil condamnable et dangereux qui n'est propre qu'à préparer les vengeances de la haine en cas de revers de fortune.

Que l'amour de la patrie soit un feu ardent et pur, qui répande une vive chaleur dans l'âme et ne la consume pas; qu'il soit constamment supérieur à tout sentiment personnel, mais qu'il respecte toujours la loi morale. Ces préceptes sont conformes à la croyance universelle : tout le monde condamne un traître qui, ne sachant pas pardonner à son pays une offense, se joint, dans le désir de se venger, aux ennemis de sa nation pour les aider à l'enchaîner ou à la détruire. On admire le citoyen qui se dévoue généreusement pour son pays à une mort certaine; mais quand cette mort ne peut être utile à la patrie, on plaint la victime, on ne l'admire plus.

La patrie a été fondée par des individus et des familles réunis en corps de nation pour se protéger mutuellement; chacun a donc dû s'engager tacitement à courir des chances pour sa vie et sa fortune dans un danger commun, afin d'éviter de plus grands risques s'il demeurait isolé et abandonné à sa faiblesse. C'est donc parce qu'on aime sa famille et ses propres intérêts qu'on s'attache à son pays et qu'on se dévoue à sa défense; l'amour de la patrie n'ayant pour origine et pour but que la conservation de ces premiers objets de nos affections, ne doit donc jamais enfreindre la loi morale à laquelle cette conservation elle-même est toujours subordonnée.

C'est de cette loi morale que découlent les devoirs généraux du pouvoir et du citoyen; l'un et l'autre doivent concourir de tous leurs efforts au bien commun, le premier par son zèle éclairé dans l'administration des affaires publiques, le second par ses sacrifices pour le pays et sa déférence pour l'autorité. Enfin les gouvernants comme les gouvernés doivent se conformer avec un égal respect aux lois établies.

CHAPITRE LE PLUS IMPORTANT.

DES ÉLECTIONS.

La république étant un Etat gouverné par un pouvoir émané du peuple, ce pouvoir est renouvelé périodiquement, pour qu'il ne cherche point à se rendre indépendant et absolu par un trop long usage de l'autorité. La magistrature suprême est ordinairement partagée, et pour diminuer encore l'influence qu'elle pourrait exercer contre la liberté qui l'a créée, elle n'a que l'exécution des lois, elle est contrôlée dans ses actes par des assemblées législatives que l'élection a nommées, et rencontre dans toutes les communes des fonctionnaires indépendants que le peuple a choisis.

D. Mais n'est-il pas à craindre que cette mobilité du pouvoir, cette action perpétuelle de l'élection n'excite l'intrigue et la corruption, qui finirait tôt ou tard, après avoir agité long-temps la république, par l'énerver et la conduire à sa ruine ?

R. C'est vrai ; mais il existe des moyens qui peuvent nous garantir contre les abus.

D. Quels sont ces moyens ?

R. Au chapitre du choix des hommes, nous avons vu combien il importe au pouvoir de choisir des hommes capables pour diriger les différentes branches d'administration ;

mäis ici, il ne s'agit plus que des intérêts du peuple lui-même. Or, il faut maintenant considérer le peuple sous deux aspects différents, ou du moins, le partager en deux classes : 1° les électeurs ; 2° les éligibles.

D. Qu'est-ce qu'un électeur ?

R. On appelle électeur celui qui a le droit de donner sa voix à tel ou tel représentant de la nation, pour défendre, dans les grandes assemblées de la patrie, les droits de tout un canton, ou même d'un arrondissement.

Aujourd'hui, tous les citoyens sont électeurs ; il leur importe donc de connaître leurs droits, leurs obligations et leurs intérêts en cette qualité.

D. Chacun connaît ses droits ; les besoins se font sentir ; ils sont impérieux ; mais ne peut-il pas se faire qu'un député de la nation qui aura promis à ses concitoyens de leur être utile, qui même aura fait une de ces professions de foi les plus larges, les plus admirables, ne fausse ses promesses, et qu'une fois fort du mandat que lui auront confié ses concitoyens, il n'en abuse pour se pourvoir lui-même en travaillant à ses propres intérêts comme à ceux de sa famille?

R. Cela est arrivé bien des fois, il est vrai ; mais il est un excellent moyen pour prévenir ces sortes d'abus. Ainsi, n'est-il pas vrai que pour les choses les plus matérielles, on est dans l'habitude d'exiger des garanties? Pour une simple construction même particulière, on exige un cautionnement ; la moindre fourniture faite à l'Etat requiert les mêmes mesures. Comment se fait-il donc que quand toute une nation se trouve intéressée dans une cause, elle abandonne aussi légèrement ses intérêts au caprice ou aux intérêts personnels d'un seul individu?

D. Mais n'y aurait-il pas un remède à cet abus?

R. Oui, il y a un remède bien simple, et nous sommes étonné qu'on n'y ait pas encore eu recours; car il est souverain.

D. Quel est-il?

R. Le voici : l'homme que vous nommerez sera riche ou pauvre ; mais dans tous les cas, il sera digne de la confiance publique, ou du moins vous l'aurez jugé tel. Or, s'il est riche, il pourra fournir un cautionnement; s'il est pauvre et digne de la confiance que vous lui accordez, il ne pourra manquer de trouver des répondants qui cautionneront pour lui. Je voudrais donc que tout citoyen qui se fait fort de défendre les intérêts généraux de ses concitoyens contre l'arbitraire du pouvoir dans les grandes assemblées de la patrie, donnât au moins des garanties suffisantes. Un entrepreneur, pour le moindre travail, nous l'avons dit, est obligé à un cautionnement; eh bien, que celui qui se croit assez fort, assez sûr, ne recule pas devant cette espèce de garantie matérielle que nous lui demandons. Qu'il agisse ainsi : 1° qu'il expose les principes de sa doctrine; 2° qu'il fasse sa profession de foi; 3° qu'il indique clairement les améliorations qu'il se propose de demander en faveur du commerce, de l'industrie, des classes pauvres, du travailleur, etc.; et enfin, qu'il donne pour cautionnement ou appui de ses promesses, une somme de 50 à 60,000 fr. A son retour, ses électeurs le jugeront; ils lui diront, sa profession de foi en main : Vous aviez promis de voter pour telle ou telle amélioration, l'avez-vous fait? S'il l'a fait réellement, mais que malgré ses efforts, il n'ait pu réussir à doter la République d'un nouveau bienfait qu'il avait cru lui-même important, il sera absous; il y aura alors force majeure; son cautionnement lui sera rendu.

Mais si, contrairement à ses promesses, n'ayant cherché,

par la faveur de l'élection, qu'à s'approcher du pouvoir pour briguer un emploi soit pour lui, soit pour les siens, et que dans ce dessein, il ait prévariqué, il ait forfait à ses serments, il ait abusé ses mandataires, oh! dans ce cas, il est responsable du mandat qu'il a accepté, il doit en rendre compte, et son cautionnement doit tourner au profit de la localité que sa fourberie a abusée par de vaines promesses. Encore une fois, nous ne voulons pas rendre le mandataire responsable de la réussite; mais au moins, qu'il se soit donc montré dans tout le cours d'une session, tel qu'il s'est avancé en présence de ceux qui l'ont élu; qu'il se conforme aux termes du mandat qu'il a accepté et qu'il s'est chargé de remplir; dans le cas contraire, nous le tiendrons légalement responsable, et nous lui dirons : Tout mandataire est responsable du mandat qu'il a accepté ; or, vous avez faussé vos promesses, vous avez sacrifié à vos intérêts particuliers ou à ceux de votre famille, les intérêts de toute une population qui avait placé en vous toute sa confiance, donc, nous déclarons votre cautionnement confisqué au profit des pauvres ouvriers de la ville qui vous a nommé, et dont vous avez frustré les plus chères espérances.

D. Et quels seront les juges dans ce cas?

R. Les électeurs eux-mêmes.

D. Mais nul ne peut être juge dans sa propre cause?

R. Celui qui n'a pas craint d'entraîner les suffrages de la majorité par des promesses brillantes, ne doit pas craindre non plus de venir rendre compte à cette même majorité. Oh! combien, s'il a rempli son devoir, la voix de sa conscience le rendra fort en présence de ses juges! Et puis, le peuple est juste ; il ne demande rien au-dessus des forces humaines ; personne mieux que lui n'est habitué à en mesurer la portée ;

il tiendra compte des efforts, bien qu'impuissants, que son délégué aura pu faire ; mais aussi, dans sa sévérité, il ne transigera sur aucun subterfuge, sur aucune arrière-pensée qui tendrait à frustrer sa noble et généreuse confiance.

CHAPITRE NON MOINS IMPORTANT QUE LE PRÉCÉDENT.

DES ABUS ET DES RÉFORMES.

D. Qu'appelle-t-on abus ?

R. On appelle abus, tout usage immodéré ; ainsi, l'abus de pouvoir consiste à s'arroger des prérogatives, à se servir de l'autorité pour opprimer ses semblables, par des exactions et des vexations ; et c'est principalement de ces sortes d'abus que nous avons à parler ici.

Aujourd'hui que tout citoyen français, âgé de vingt-un ans, est électeur sans aucune condition de fortune ou de cens, et qu'à l'âge de vingt-cinq ans il est éligible, il importe à tous également de connaître leurs devoirs, leurs intérêts et leurs droits. Mais ce qu'il leur importe encore plus de connaître, ce sont les améliorations qu'ils doivent tous d'un commun accord, tendre à obtenir ; et ces améliorations seront déjà immenses s'ils parviennent à faire cesser les abus.

En général, il semble que ce soit le propre de l'homme qui est au pouvoir, de se jeter dans la voie des abus, ou de suivre le torrent de la coutume et du mauvais exemple qui l'y en-traîne ; et puis, quand une fois les abus ont pris racine, ils passent en coutume, le temps les sanctionne, et bientôt après ils obtiennent force de loi. Je ne citerai qu'un seul exemple à l'appui de ce que je viens d'avancer.

Pendant les guerres de notre première révolution, la République ayant à soutenir des guerres ruineuses, obtint, en faveur du trésor, l'impôt du décime sur tous les actes qui seraient portés à l'enregistrement, à condition pourtant, qu'aussitôt que la guerre aurait cessé, cet impôt serait annulé. Eh bien, la guerre cessa ; mais l'impôt du décime parut si avantageux aux gouvernants, qu'ils ne parlèrent plus de le supprimer, et depuis, il a toujours été perçu, bien que les causes pour lesquelles il avait été établi eussent depuis long-temps cessé d'exister.

D. Mais les plus grands abus, en fait d'impôts, ne sont-ils pas ceux qui écrasent le peuple en frappant spécialement tous les objets de première nécessité ?

R. Oui, et ce sont précisément ceux que le peuple doit s'efforcer de faire sinon abolir, du moins diminuer considérablement et mieux répartir.

D. Et si vous abolissez ces impôts, ne s'ensuivra-t-il pas que votre gouvernement n'aura plus les moyens suffisants pour faire face aux dépenses même les plus urgentes ? qui entretiendra les armées, les différentes administrations ? qui fournira à tous les frais prévus ou imprévus, mais si considérables et si multipliés, pour régir, défendre et conserver les intérêts d'un grand peuple ?

R. Encore une fois, nous ne demandons pas l'abolition des impôts, mais une répartition plus juste et moins onéreuse. Ainsi, nous consentons l'impôt sur la propriété, pourvu toutefois que cet impôt soit en rapport avec le revenu, et qu'il n'arrive pas, comme cela s'est déjà vu, que le propriétaire, découragé par la cote trop élevée de ses contributions, préfère vendre son bien pour s'exempter de la taxe, et place ensuite ses fonds à intérêt et sur hypothèque.

D. Ne trouve-t-on pas à ce sujet une véritable lacune, je dirai même une injustice, dans la répartition de l'impôt foncier? Car celui qui place ses fonds sur hypothèque, n'est-il pas réellement aussi propriétaire du fond grevé à son profit? Comment se fait-il donc qu'il n'ait aucun impôt à payer?

R. Nous sommes étonnés nous-même que des mesures sages et profitables à l'Etat n'aient pas encore été prises à ce sujet; en effet, celui qui place sur hypothèque est le premier propriétaire, et il doit être soumis à l'impôt en raison de la valeur des sommes qui lui assurent la propriété.

D. Cependant il se présente ici une objection : s'il en était ainsi, ne devrait-on pas forcer aussi ceux qui prêtent de l'argent aux commerçants à payer un impôt?

R. Non, cela nous paraîtrait injuste ; car le bailleur de fonds, dans ce cas, n'est pas réellement propriétaire ; il court des chances de perte en exposant son argent à des chances de réussite plus ou moins incertaines.

D. Quels avantages produirait un tel système d'impôts?

R. Premièrement, la valeur de la propriété augmenterait considérablement, parce qu'il se trouverait beaucoup plus d'acquéreurs ; car on aimerait autant acheter la propriété pour son propre compte que de n'en posséder qu'une partie, dès qu'on se verrait obligé de payer l'impôt. Secondement, ceux qui redouteraient cette nouvelle charge mettraient leurs fonds en circulation dans les mains des commerçants, et le commerce trouverait encore par-là de nouvelles ressources.

D. Mais alors, le propriétaire ne trouverait que fort difficilement à emprunter, et souvent il se verrait dans la nécessité de vendre une propriété qu'il aurait pu conserver par le moyen du prêt hypothécaire ?

R. Pour lui, le plus souvent, cette nécessité serait un bienfait ; car combien voit-on de gens qui, par amour-propre ou par une aveugle imprévoyance, s'obstinent à lutter contre la gêne, grèvent leurs propriétés d'hypothèques, accumulent les charges onéreuses contre leur propre intérêt, et qui, après de longs combats, de dures privations, se voient forcés enfin de se résigner à aliéner à des conditions peu favorables le fonds dont le produit de la vente leur eût laissé encore de quoi vivre dans l'aisance ! Mais faute d'avoir eu le bon esprit de se dessaisir à temps d'un immeuble, ils ont été accablés par les impôts, par les rentes à servir, par les réparations, les chances malheureuses de non-location ou de non-valeur, et ils se sont réduits à la misère. Or, convenons-en, n'est-il pas juste que le rentier qui perçoit exactement et intégralement sans risque et sans péril le produit de sa mise de fonds, paie aussi une part de la contribution foncière ? Car, en effet, la propriété ne lui appartient-elle pas réellement ? Eh bien, c'est de là que déjà le gouvernement de la République peut tirer d'immenses ressources. Il suffit pour s'en convaincre de jeter les yeux sur les registres des hypothèques d'un seul arrondissement ; on verra que dans certaines localités la propriété est grevée pour deux ou trois fois sa valeur. Et pourtant cette mesure hypothécaire qui double ou triple le montant de l'immeuble ne rapporte rien au gouvernement. Comme on pourrait croire qu'ici nous exagérons les faits, nous citerons une localité pour exemple, le Médoc, et les registres du bureau des hypothèques de Lesparre suffiront pour prouver la vérité de cette assertion.

Oui, qu'on fasse peser l'impôt sur ces citoyens opulents

qui ont su si bien jusqu'à présent se soustraire à toutes les charges, à tous les impôts, en donnant à leur fortune une direction assurée, exempte de toute crainte, de tout trouble, et en même temps si lucrative. C'est là un droit que le peuple souverain doit faire valoir et prédominer. L'argent produit l'argent, et, à la honte de notre siècle, on a vu l'argent lui seul affranchi des charges qui pèsent sur les denrées les plus simples et les plus utiles, parce qu'elles sont pour le peuple d'un usage journalier. Est-il juste après tout que le peuple, qui fertilise la terre par son travail, qui l'arrose de ses sueurs, qui verse son sang pour la gloire de sa patrie, supporte presqu'à lui seul aussi toutes les charges et paie tous les impôts? Non ; les impôts doivent peser sur la propriété, sur l'argent, c'est-à-dire sur le riche, sur le financier, et non sur l'industrie, le travail et la consommation. Ainsi, l'impôt est onéreux et inadmissible lorsqu'il pèse sur le travailleur. Par exemple :

LE SEL doit-il payer la taxe ? Non ! Il n'est pas besoin ici de commentaires ; le peuple souverain, électeur et éligible, saura défendre ses droits à cet égard.

LE VIN doit-il payer l'impôt ? Oui ! Mais cette concession a besoin de grandes explications.

Parlons d'abord du débitant.

Le peuple travailleur ne peut se procurer du vin en quantité ; il n'en fait pas provision, et pourtant il en a besoin ; c'est là sa seule ressource pour réparer ses forces affaiblies ou les alimenter ; mais il est rare qu'il prenne pour son usage les qualités supérieures. Je voudrais donc d'abord, qu'à l'octroi, une pièce de vin ordinaire, celle qui est pour la consommation du peuple, payât une faible taxe, tandis qu'un vin fin ou d'*extrà*, destiné à la table du riche, payât deux ou trois fois plus à l'entrée. En effet, n'est-ce pas ridicule qu'un

mauvais vin qui souvent ne peut être considéré que comme
boisson, paie autant à l'octroi qu'un vin de première qualité ? Supposons en moyenne, le prix d'entrée à 20 francs par
pièce, eh bien, la pièce de 50 francs paiera 10 francs, tous
frais compris, celle de 100 francs paiera 20 francs, celle de
200 francs en paiera 40. L'état et les municipalités n'y per-
dront rien, et le peuple y gagnera beaucoup.

Venons maintenant au droit d'exercice :

La régie des contributions indirectes coûte énormément à
l'Etat, supprimez-la; elle veille, elle empêche la fraude, di-
rez-vous? mais lorsqu'il n'y aura plus un intérêt grave, lorsqu'il n'y aura plus que peu à gagner à faire la fraude, on n'y
aura plus recours.

La régie des contributions indirectes étant abolie, les droits
sur les boissons seront sensiblement diminués, et l'Etat y gagnera encore. Obligez chaque débitant à tenir un registre sur
lequel on inscrira à l'entrée, les quantités de pièces de diverses espèces de boissons destinées à chacun des débitants, et
taxez-les à tant par pièce; l'exercice à domicile devient alors
tout-à-fait inutile, et vous pouvez diminuer d'autant les taxes,
que vous n'aurez plus à payer cette multitude d'employés de
1re, de 2me et de 3me classe, qui consomment une grande partie du revenu. Encore en cela, le gouvernement y gagnera
et le peuple obtiendra les boissons à meilleur compte.

Donc le peuple souverain doit voter, tant dans ses propres
intérêts que dans ceux de l'Etat lui-même, la suppression de
l'exercice à domicile des employés des contributions indirectes.

D. Et l'impôt sur le tabac, ne serait-il pas urgent aussi
qu'il fût diminué? car le tabac est devenu, de nos jours, un
objet de première nécessité; tout le monde en use.

R. C'est vrai ; car rien n'est plus singulier que de voir que a Suisse, qui achète le tabac à la France, le vend 1 fr. 50 c. ou 2 fr. le demi-kilo, tandis que les Français eux-mêmes le paient 4 fr. Et puis, sous le règne de la liberté, pouvons-nous, devons-nous souffrir qu'il y ait des lois exceptionnelles? Pourquoi le tabac est-il mis en régie? Pourquoi quelques heureux solliciteurs obtiennent-ils exclusivement à tous autres, le droit de vendre cette denrée qui produit de si gros bénéfices? Remarquez bien, citoyens, que jusqu'ici, cette faveur a été presque généralement accordée à des femmes seulement; et pour preuve, n'êtes-vous pas dans l'habitude de dire, non pas *le marchand*, mais *la marchande de tabac*? Nous savons assez au prix de quelles faveurs s'obtient généralement cette faveur insigne d'être admise au bénéfice de concession d'un bureau. Honte à jamais au peuple français, honte, ignominie! s'il souffrait plus long-temps l'existence de pareils abus!

Je vois une infortunée mère de famille vivant de privations, arrosant de larmes le morceau de pain qu'elle partage avec ses enfants; elle trompe sa douleur, elle distrait ses sombres chagrins, elle écarte ses noires pensées avec quelques prises de cette même poudre qui récrée le cerveau de l'homme de lettres, qui charme les loisirs de l'opulent, qui dissipe les ennuis de l'homme oisif. Pourquoi cette malheureuse mère ne pourrait-elle pas se procurer cette source de consolation à un prix modique?

Le tabac est devenu d'une utilité générale, indispensable; je connais certaines personnes qui aimeraient mieux se priver d'un repas (et cela n'est pas rare) plutôt que d'être forcées à se priver de tabac; aussi, j'ai toujours considéré comme une mesure égoïste et cruelle, celle qui interdit au malheureux prisonnier l'usage absolu du tabac. Je me rappelle que visitant la maison centrale de Riom, en Auvergne, en 1840, pour y puiser des documents relatifs à mes essais de morale pour les détenus, j'y vis un malheureux prêtre, détenu pour je ne sais plus quelle faute, mis aux fers pour avoir pris du tabac qu'une personne charitable lui avait donné la veille.

D. Mais si le gouvernement venait à supprimer l'impôt sur le tabac, il éprouverait une perte considérable, car le tabac lui revient à 35 centimes le demi-kilogramme, et il le fait vendre 4 francs. N'est-ce pas assez déjà d'avoir prononcé l'abolition du timbre sur les imprimés? De combien de ressources entendez-vous donc qu'il se prive?

R. En laissant cette vente libre, pourvu toutefois que les débitants se fournissent dans les magasins de l'Etat, il y aura bientôt compensation, peut-être même bénéfice, car la fraude ne trouvant plus son profit à importer les tabacs étrangers, s'abstiendra de faire concurrence à l'Etat, et le peuple fera une plus grande consommation de ce produit, qui deviendra moitié moins cher.

D. N'y a-t-il pas encore une loi bien importante que l'on réclame depuis long-temps, celle de la liberté d'enseignement?

R. Oui, cette proposition a été déjà le sujet de bien des commentaires; nous allons la juger à son véritable point de vue. Posons d'abord pour principe que sous un gouvernement libre, toutes les industries doivent être également libres. C'est cette liberté qui produit la concurrence, c'est de cette concurrence que jaillit la lumière.

Pourquoi donc mettre des entraves à la liberté d'enseignement? Que chacun fasse part à ses concitoyens de la dose de science qu'il a acquise sous le régime de la fraternité; que les lumières de la science dissipent à jamais l'ignorance, et les hommes, éclairés les uns par les autres, deviendront réellement tous frères.

D. Si tous les citoyens avaient le droit de s'ériger en instituteurs de la jeunesse, n'arriverait-il pas que l'impudente ignorance et le fanatisme prendraient les dehors de la science et de la religion, pour abuser les peuples?

R. N'en croyez rien, le règne du fanatisme et de l'ignorance est passé. Des citoyens libres savent trop bien apprécier le bienfait d'une éducation large et solide, pour permettre que leurs enfants soient victimes de pareils abus; laissez-les juges dans ce cas, et ils auront bientôt fait bonne et prompte justice. C'est d'après les progrès qu'auront faits les enfants, qu'ils accorderont plus ou moins de confiance au maître qu'ils auront chargé de leur éducation.

D. Et la taxe des lettres, n'est-elle pas encore trop onéreuse? car sans parler des relations commerciales, qu'elle rend plus difficiles, je trouve qu'il est injuste de priver les familles pauvres des relations d'amitié qu'elles pourraient entretenir si cette taxe était diminuée.

R. Déjà depuis long-temps on a compris le besoin d'une forte réduction sur la taxe des lettres; mais le gouvernement déchu craignant, dans cette amélioration, de voir arracher quelques oboles à sa cupidité, a différé le plus qu'il a pu de doter la France d'une réforme postale. Il est réservé à la République de faire enfin jouir le pays de cet avantage si long-temps attendu.

D. Que dites-vous de la loi sur la chasse?

R. Il n'est pas un citoyen français qui n'ait gémi en voyant sous un gouvernement constitutionnel proclamer une telle loi; elle est digne des temps barbares de la féodalité : aussi le peuple souverain doit-il la considérer comme un abus, et s'empresser d'en voter une autre plus digne de sa majesté.

D. Mais vous demandez beaucoup, et comment parviendra-t-on à opérer tous ces changements, d'autant plus encore que dans la répression de quelques-uns des abus que vous nous signalez, beaucoup d'intérêts particuliers se trouveront sacrifiés ?

R. L'amour de la liberté, l'amour de la patrie, voilà le ressort le plus puissant pour remplir un peuple d'enthousiasme et le porter à tous les sacrifices. Rien ne coûte, rien ne paraît difficile quand il s'agit du bien public, et que la nation n'est composée que de citoyens qui sont tous guidés par le principe de l'égalité et de la fraternité.

C'est alors qu'une nation offre à l'univers le beau coup-d'œil d'un peuple content et laborieux, cultivant en liberté les présents de la nature, assurant ses fortunes particulières et le repos de ses familles. Cette activité générale, signe d'une prospérité universelle, est un spectacle attendrissant. On fait mille vœux pour le bonheur et la conservation d'un tel peuple, car l'image de sa félicité a un charme éloquent qui fait un heureux d'un contemplateur.

D. A cette peinture de la félicité publique, on sent, il est vrai, je ne sais quel sentiment délicieux se répandre dans l'âme ; mais je ne crois pas cette félicité possible, parce qu'il existe encore beaucoup d'autres abus que vous n'avez pas signalés et qui devraient pourtant disparaître du sein d'une République sage et éclairée. Par exemple, n'est-ce pas un abus criant et honteux, que de voir certaines professions privilégiées être l'objet d'une inique spéculation ? Et pourtant ces emplois semblent tout d'abord placés sous la protection im-

médiate du gouvernement. De là, qu'arrive-t-il? C'est que
la fortune des particuliers est souvent compromise. Je veux
parler des notaires, autrefois *gardes-notes*. On voit tous les
jours un jeune clerc, quelquefois sans mœurs, n'ayant d'autre science que sa fatuité, d'autre mérite que l'air d'impor-
tance qu'il se donne, d'autre richesse que son espoir de s'in-
troduire dans une famille opulente, au moyen de l'achat d'un
vieux bureau vermoulu et de quelques liasses de vieux parche-
mins condamnés à demeurer éternellement ensevelis dans les
cartons mi-démembrés d'un cabinet obscur, acheter 200, 300
et quelquefois 400 mille francs, ce matériel poudreux que l'on
appelle étude. Avec quoi paiera-t-il donc? Attendez un peu !
Il tient une liste exacte de toutes les riches héritières ; il
frappera à toutes les portes jusqu'à ce qu'il en ait vu une
s'ouvrir devant lui ; une fois admis, il calculera la dot ; peu
lui importe la femme ; qu'elle soit laide, qu'elle soit ver-
tueuse, ce n'est pas là son affaire ; car ce n'est pas la femme
qu'il recherche, c'est seulement la dot. Enfin le contrat est
signé : notre clerc est au comble de ses vœux ; il est nommé
de par le gouvernement, la loi et la justice, NOTAIRE, en
remplacement de M. XX. *démissionnaire*, lequel s'est laissé
faire cette douce violence, moyennant 3 ou 400 mille francs
de dot qui, joints aux énormes bénéfices qu'il a réalisés pendant la courte durée de sa gestion, le rendent aussitôt grand
propriétaire. Maintenant je demande si un gouvernement sage
doit souffrir de pareils scandales? Mais ce n'est pas tout
encore ; il arrive souvent que des notaires font faillite et
emportent avec eux les économies et les ressources des familles.

R. C'est au peuple souverain à mettre enfin un terme
à ces abus criants. Il connaît ses droits, qu'il les fasse valoir !

qu'il mette un frein à cette cupidité qui préside à la vente de toutes les charges; qu'il abolisse en les flétrissant, ces marchés honteux au moyen desquels un jeune industriel se fait notaire, avoué, huissier, etc. Que ces fonctions publiques soient désormais à la nomination du gouvernement, qui les conférera comme toutes les autres charges de l'Etat, à titre gratuit, et en récompense des services rendus. Et l'Etat y trouvera pour lui-même une nouvelle source de garantie et d'impôt; car au lieu que ces fonctions si lucratives soient payées par l'acquéreur, elles rétribueront le gouvernement, qui pourra imposer aux titulaires des règlements fondés sur les mêmes bases que ceux qui régissent les conservateurs des hypothèques.

Voilà, peuple souverain, ce que vous devez exiger de vos mandataires; tels sont les principaux abus que vous devez les charger de réformer; que votre gouvernement tire ses ressources du sein des abus eux-mêmes, qu'il écrase la vénalité pour en tirer le suc vivifiant; qu'il puise dans les sources mêmes de la richesse, pour alimenter le trésor, et que les denrées qui servent à la nourriture des classes laborieuses, soient affranchies de l'impôt. Pour parvenir à ce but si désiré, pour abolir ce trafic honteux, imposez à vos mandataires l'obligation de vous rendre compte de la manière dont ils auront rempli leur mandat; s'ils ont été fidèles à leurs promesses pendant tout le cours d'une session, s'ils ont défendu chaleureusement les intérêts du peuple, s'ils ont travaillé à la prospérité du commerce et des arts, alors décernez-leur la couronne civique; si, au contraire, abusant du pouvoir que vous leur avez confié, ils ont méconnu leur devoir et les obligations que leur imposait le titre de représentant du peuple, qu'ils soient flétris et condamnés à une amende.

D. Une dernière question, avant de terminer : Mais la République ne pourrait-elle pas se créer encore de nouvelles ressources, en mettant un impôt sur le clergé ?

R. Le clergé ne possède plus, comme autrefois, des bénéfices et des richesses immenses ; aujourd'hui il est pauvre et devrait attirer l'attention du gouvernement. Je ne parle pas de ces fastueux prélats qui, environnés de toute la pompe du luxe, jouissent paisiblement de leur opulence : ils attirent tous les regards. Mais qui s'occupe de l'humble curé de paroisse, du pauvre curé de campagne, chargé de tous les travaux apostoliques ? Jetons les yeux sur ces hommes ignorés, dont la fonction perpétuelle est de diriger les âmes du peuple, et qui, par leur position, sont capables de seconder en tout temps les vues bienfaisantes de l'administration.

Le curé de paroisse, dans les villes, n'a qu'un revenu modique, et celui de village possède à peine le nécessaire ; il est une charge de plus pour les pauvres paysans dont il est appelé à être le père. Au lieu de leur demander des impôts, ne serait-il pas plus juste de leur accorder un peu plus d'aisance ? Le superflu d'un curé se répand toujours sur ce qui l'environne. Appelé par son ministère à des actes de charité, il résulterait un double avantage à le mettre en état de soulager lui-même ses paroissiens ; et leur reconnaissance, jointe à la vénération qu'on porte à son caractère, donnerait plus de poids à l'autorité pastorale.

La République, en salariant davantage les fonctions des curés de campagne, serait en droit d'exiger d'eux des travaux qui s'accorderaient parfaitement avec le loisir dont ils jouissent. Instruits, ils instruiraient les autres. Ils sont lettrés parmi des hommes ignorants ; eux seuls parlent au peuple assemblé ; ils possèdent le genre d'éloquence qui lui convient :

quels autres organes le gouvernement pourrait-il choisir
pour répandre des idées nouvelles ou faire adopter un projet
qui aurait besoin d'être appuyé sur la base de la confiance ?
Qui peut mieux préparer les esprits et les réconcilier avec
l'administration, qui de loin paraît toujours effrayante ; détruire enfin ces bruits populaires dont on ne connaît ni l'o-
rigine ni le but, et qui souvent s'opposent à toute amélioration?

Enseigner la saine morale, combattre la superstition et le
fanatisme, ruiner de vieux préjugés, expliquer quelques-uns
de ces phénomènes qui effraient l'ignorant et malheureux
villageois, donner quelques notions d'histoire naturelle et
d'agriculture : quel bien peut faire un bon curé de campagne,
s'il réunit un esprit juste à un cœur honnête ? Il fera chérir
le gouvernement de la République ; il répandra des lumières
utiles ; il formera des citoyens fidèles à leurs devoirs et bons
agriculteurs.

Dans ce temps où l'on appelle de toutes parts les lumières
les plus favorables, où l'on tend généralement au plus grand
bien, les curés de campagne doivent être considérés comme
les consolateurs nés du peuple ; ils peuvent lui faire aimer
son état. Si le gouvernement est un pilote attentif aux moindres orages, ne lui faut-il pas des mains promptes et habiles
pour plier au besoin les voiles et manier les cordages ? Or,
les curés qui commandent par la parole aux classes laborieuses de la société, assimilés à l'esprit du bien public,
peuvent contribuer dans plus d'une occasion à l'exécution
des ordres les plus sages.

Mais, je le répète, il faudrait que ces conducteurs spiri-
tuels fussent mieux récompensés de leurs fonctions journa-

lières, et qu'un revenu plus ample les mît au-dessus de toute dépendance de leurs ouailles.

Il n'est pas rare de voir beaucoup de ces bons curés de campagne, qui, malgré l'extrême médiocrité de leur revenu, trouvent le moyen de faire infiniment plus de bien que des millionnaires même généreux; leur charité active, industrieuse, sait créer mille ressources. Les uns savent préparer des remèdes simples aux malades qu'ils consolent, et s'opposent aux prestiges des charlatans ; les autres, livrés aux travaux de l'agriculture, la perfectionnent par leur exemple.

En général, leur vie est innocente et leurs mœurs sont honnêtes ; il y a peu de scandale parmi eux, parce qu'ils ont besoin de l'estime de leur troupeau ; ces hommes respectables vivent loin du bruit et des regards du monde ; inconnus, oubliés et contents de leur obscurité , leur vie s'écoule dans la pratique des devoirs prescrits par l'Evangile.

J'aime à rendre publiquement justice à cette portion d'hommes que j'honore, et que le gouvernement pourrait choisir comme les canaux des idées les plus saines. Toutes leurs fonctions sont paternelles et pourraient embrasser encore plus d'objets ; ils n'agissent que par la voie de la persuasion : quel organe plus heureux et plus prompt entre le gouvernement et le peuple !

FIN.

TABLE DES MATIERES.